1

L.J. Schweizer

insights

auszüge aus dem tagebuch 2004/2005

Die Geschichte zum Buch - The story to the book

Lieber Leser,

Ursprünglich waren diese Gedichte bloss Einträge in meinem Tagebuch. Eines Tages beim Durchschauen der Bücher bemerkte ich jedoch, dass einige der Texte duchraus als Gedichte betrachted werden können. Da sie zudem eine Botschaft tragen, die von Herzen kommt, und mir selbst gewissermassen als Einsichten gedient haben, habe ich mich dazu entschlossen dies alles in ein Buch reinzupacken, sodass ich diese Stimmungen mit der Welt teilen kann. Die Texte sind in Englisch und Deutsch, je nach dem wo ich sie geschrieben habe. Die zuerst präsentierte Version ist jeweils das Original.

Herzlichen Dank an alle die mir beim erstellen dieses Buches geholfen haben, insbesondere meinem Vater, Ronald Schweizer und meinem treuen Freund Jasper P.M. Parker für die grossartige Hilfe beim editieren. Besten Dank auch an alle meine Freunde die mich zum Schreiben inspiriert haben.

Dear reader,

Originally, the writings contained herein were simply entries in my journals and were, at first, not intended to be presented in a book. However, one day I discovered that some of these writings are actually quite nice poems, which may please other people as well and since those thoughts have served myself as insights in some ways, I've decided to put them together in a book. The writings are in English and German, depending on where I was at the time they were written. The first version presented is the original.

My sincere thanks to everyone who inspired me to write and my special thanks to my Dad, Ronald Schweizer, as well as to my dear friend Jasper P.M. Parker for the great help with editing.

...not much left to say...
Enjoy!

4

inhaltsverzeichnis
contents 2. Auflage, 2nd edition 2018

moon arising august 2004

the water is dark

mysterious swallowing energy

hiding landscapes in its shapes

moon is arising...

water is in constant change
following the circle

.... and the moon is arising again

mondaufgang

das wasser ist dunkel

mysteriös verschlingende energie

verbirgt landschaften in seinen schatten

der mond geht auf...

wasser ist im wandel
folgt dem lauf

.... und der mond geht von neuem auf

9

foif gliichziitig august 2004

es hät e ziit geh, i mim läbe,

da hani, immer ersch denn, wenn i scho foif sache i mine hand
g'hebed han,

gmerkt,

dass es nöd möglich isch,

alles gliichziitig z'tue.....

five at once

there was a time in my life,

when always just then, when I alreadly held about five things in my hands,

I've figured

that it isn't possible to do everything at once.....

fünf gleichzeitig

es gab eine zeit in meinem leben,

da hab' ich, immer erst dann,

wenn ich schon etwa fünf dinge in

meinen händen hielt, gemerkt,

dass es nicht möglich ist,

alles gleichzeitig zu tun.....

If there is a recipe for life...
Just let it roll...
The stone is always falling onto the ground,
The river is always flowing into the sea.

There are always a few different ways to reach your goals.
The fastest way might not always be best.
It can be interesting to see all these sidewalks and paths
somewhere along the highway.
They are mostly nicer than the big, crowded street.

Going on a feeling, is a good recipe.
Probably the best one, in my opinion.
It works out always.

And left... just the difficulty to be conscious about your
feelings....
Because your mind is playing these little games with your
person
and sometimes leads you in situations where you are
under the influence of many different aspects of life and reality,
facing a poverty of humanity...
Then you might walk into those traps
that your intellect is building, without even having you ask for
it.

I don't exactly understand why.
Neither why we leave ourselves be led
into those unconscious states of mind
Nor why we think it would be easier.

People are eating crap.
Making themselves believe it would be good for them,
even if they know it is not.
They might get the feeling....
Easy. But not honest.

Ein Rezept für's Leben

Falls es ein Rezept für's Leben geben sollte....
lass es einfach fliessen....
der Stein fällt immer auf den Boden,
der Fluss fliesst immer ins Meer.

Es gibt immer ein paar verschiedene Wege um deine Ziele zu
erreichen.
Der schnellste Weg muss nicht immer der Beste sein.
Immer interessant, all' die Gehsteige und Pfade zu sehen,
irgendwo, der Hauptstrasse entlang.
Die sind meist hübscher als die grosse, überfüllte Strasse.

Nach einem Gefühl zu gehen ist ein gutes Rezept.
Wahrscheinlich das Beste, meiner Meinung nach.
Es funktioniert immer.

Und doch noch bleibt... die Schwierigkeit sich seiner Gefühle im
Klaren zu sein. Denn unser Geist spielt diese kleinen Spiele mit
unserer Person und leitet uns manchmal in Situationen, wo wir,
unter dem Einfluss von vielen verschiedenen Aspekten von
Leben und Realität gegenübergestellt werden mit dieser Armut
der Menschlichkeit...
Dann kann's wohl passieren, dass man in diese Fallen tapt,
die unser Intellekt bildet, ohne uns überhaupt danach gefragt zu
haben.

Ich versteh' nicht genau wieso.
Auch nicht, wieso wir Menschen
uns in diese unbewussten Ebenen im Geiste leiten lassen.
Auch nicht, wieso wir denken das sei einfacher.

Leute essen Müll.
Machen sich selbst glauben es täte ihnen gut,
auch wenn sie wissen, es ist nicht so.
Vielleicht erreichen sie das Gefühl....
Einfach. Aber nicht ehrlich.

14

wett no meh oktober 2004

schöni gschichte

mensche gseh

wiitergah

ich wett no meh

still want more

beautiful stories

seeing people

stepping forward

i still want more

ich will noch mehr

schöne geschichten
menschen sehen
vorwärts schreiten
ich will noch mehr

15

Wo Mondnacht lacht november 2004

.... am Mittwoch
         sei ich weg gewesen.

Fort,
irgendwo am Rande des Bekannten.

Umgebung
eben,

ein seichtes Licht
durchflutet die Nacht.

Mond lacht

einmal mehr hinüber.

Drüben, dort!
Trag mich fort
         und sprich nicht.

Wort ist zu laut,
         hemmt und verstaut

      den Fluss.

         -Ich geh zu Fuss-

nach drüben, da,
         wo Mondnacht lacht.

Irgendwo am Rande des Bekannten.

moon night laughs

...wednesday
        I would have been gone somewhere.

Away,
somewhere by the border of the known.

Surroundings
even,

a shallow light
is flowing through the night.

Moon laughs

once more across.

Yonder, there!
Carry me away
        and don't speak.

Words are too loud,
        and words are too weak,
        they just clog and repress

        the flow.

        -I go by foot-

to yonder, there,
        where the moon night laughs.

Somewhere by the border of the known.

du september 2004

geh dalang wo du langgehn willst

iss nahrung mit der du deinen hunger stillst

tu dies was du für richtig hältst

tu all die dinge die du fühlst

you

go there along where you wanna go

eat food that satifies your hunger

do those things you perceive as right

do all the things you feel

18

der sonne nach november 2004

Die kleine Zwergenstadt.
Weiss, braun und gestreifte Kapuzenmäntel,
zu jeder Tageszeit.
Zum Arbeiten und zum Schlafen,
Jeder ist gleich.

Ich gehe auf den Berg.
Der Sonne nach.
Behutsam setz ich einen Fuss vor den anderen
und beobachte das Gras auf das ich trete,
und dies, auf das ich getreten bin,
das, hinter mir, sich wieder aufrichtet
und, wenn ich fort bin, wieder steht.

Ich sehe die Welt
-und bin so klein-
und manchmal ist die Welt kleiner als ich.

Ich bin frei und stark
und flieg wie ein Vogel,
hin zu dem Baum
und setz' mich auf den Ast
wo ich geboren bin.

follow the sun

The little village of the dwarfs.
White, brown and striped greatcoats
at any time of the day;
For work and for sleep,
everyone is equal.

I am walking up the mountain.
Follow the sun.
Cautiously I set one foot after another
and observe the grass I am stepping on,
and this, that I already had stepped on
which, behind me, straightens up,
and when I am away, stands upright again.

I see the world
-and I am so small-
and sometimes the world is smaller than me.

I am free and strong
and I am flying like a bird,
up to the tree
and sit down, onto the branch,
where I was born.

der eine abend

Ich bin noch ein Kind. Wir spielen im Schulhof.
Es ist erst gegen fünf Uhr abends, doch das Dorf füllt sich mit
einem faustdickem Nebel,
der Strassen und Häuser in einen dichten Schleier hüllt.
Lichter und Laternen vermögen nicht mehr heller zu scheinen,
als ein, in ein Milchglas gesetztes Teelicht;
nur noch die Ahnung von etwas Warmem,
Brennendem vermittelnd.
Wir rennen. Den kleinen, gepflasterten Weg hinunter,
der vom Schulhaus, am Haus meiner besten Freundin vorbei,
zur Hauptstrasse führte.

Ich atme tief ein,
und dreh mich,
ungläubig was ich da fühle,
ein-, zwei-, dreimal im Kreis.
Schaue.
Versuche mir diese Szenerie - und was ich dabei fühle- genau
einzuprägen.

Ich fühle mich wie ein Kind, das,
zusammen mit seinen Freunden,
die kleinen, verwinkelten Gassen der Medina hinunter rennt,
denn es ist kalt.
Es ist neblig und wir müssen nach Hause.

Doch, hab' ich ein Zuhause?

Ich habe den längsten Weg von allen.
Ich begleite Jeden auf meinem Weg.

Dann bin ich allein.

this one evening

Back as a child. We are playing in the school yard.
It is only about five o'clock in the evening,
but the village fills up with a dense fog,
covering streets and houses in a impervious veil, so that
streetlights and lanterns don't shine brighter anymore,
than just a tealight, set into a frosted glass;
Just the anticipation of something warm, burning mediative.
We run. Down the narrow, cobbled street,
leading from the school building to the main road,
passing my best friend's house.

I take a deep breath and turn around,
unbelieving, what I experience,
I turn once, twice, three times around.
Watch.
Try to memorize this scenery exactly - and how I feel.

I feel like a child that, together with its friends,
is running down the narrow alleys of the "medina".
We run, because it is cold.
It is foggy and we have to go home.

But, do I have a home?

I have to go the furthest of all.
I accompany everyone on my way.

Then I am alone.

Am gleiten november 2004

Erst noch hier
    und dann schon da.

Hab' ich überhaupt gemerkt wo ich war?

Einmal eins und noch einmal, zum Zweiten.
Bin so am gleiten.
Voranschreiten.

Sieh dir all die Lichter an!

floating

Yet still here
    then already there.

Did I recognize where I was?

One time once
and then once more, again.
Am just kind of gliding.
Proceeding.

Look at all those lights!

Ich bin november 2004

Vielleicht war ich es.
Vielleicht erinnere ich mich daran.
Vielleicht lebte ich all' diese Leben
und erinnere mich bloss daran.
Vielleicht lebe ich sie alle gleichzeitig.

Ich bin das Kind und ich bin die Grossmutter,
die es im Schoss hält.
Ich bin der Bauer, der Knecht, der Sohn.
Ich bin das Glück und bin auch das Leiden.
Ich bin der Moment und auch das Verweilen;
in ein und demselben, denn alles bin ich.

Ich bin der Schatten und bin das Licht.

I am

Perhaps it was really me.
Maybe I just remember.
Perhaps I already lived all
those lives and just remember
them.
Perhaps I live them all at the
same time.

I am the child
and I am the grandmother,
that holds it in her lap.
I am the farmer, the servant,
the son.
I am the fortune and the
affliction.
I am the instant and also the
dwell.
All in the same,
because everything is me.

I am the shadow and I am the
light.

27

verbunden mit der welt als eins november 2004

Was ich doch am meisten von allem begehr,
ist draussen zu sein.
Mich zu bewegen,
die Welt zu spüren,
so wie sie ist.
Barfuss gehen.
Unter Bäumen sitzen.
Mit dem Wind spielen.
Berge erklimmen und Lieder darüber singen.
Mit allem sprechen.
Von Kindern lernen.
Ich will draussen sein, verbunden mit der Welt als eins.

connected to the world as one

Still, what I do like the most
is being outdoors.
To move,
to feel the world,
as like it is.
Walking barefoot.
Sitting underneath trees.
Playing with the wind.
Climbing mountains
and singing songs about it.
Talking to everything.
Learning from children.
I want to be outside,
connected to the world as one.

29

bin mensch teil 1 november 2004

Ich steige auf den Hügel,
frühmorgens, noch vor Sonnenaufgang.
Ich sehe den Himmel lächeln.
Sanft streicht mir der Wind übers Gesicht.
Er begrüsst mich
und wünscht mir einen schönen Tag.
Auch ich wünsche ihm einen schönen Tag
und überleg mir dann, wie es wohl ist, Wind zu
sein...

...überleg mir, wieso nicht ich der Wind, sondern
Mensch bin...

am human part 1

I am hiking up the hill,
early in the day, before sunrise.
I see the sky smiling.
Tenderly the wind touches my skin.
He welcomes me and wishes a good day.
I, as well, wish him a good day,
thinking to myself how it would feel to be wind....

.... thinking to myself, why I am human and not wind...

31

Bin Mensch Teil 2 november 2004

Ich weiss, ich kann, wenn ich will, in der Zeit reisen. Immer.
Kann dahin gehen, wo ich schon war- und kann dahin,
wo ich mal sein werde.
Ich weiss, auch diese Gabe hat ihre Tücken (genau wie alles
andere...).

Viele Menschen erkennen es zwar nicht unbedingt,
doch leben sie oftmals in der Schwierigkeit mehr davon
Gebrauch zu machen, als dass eigentlich Sinn machte.
Viele schwelgen mehr im Denken,
vielleicht über Dinge die sie unternehmen könnten,
anstatt sie einfach zu leben.

Hier und jetzt.
Weil das ist was ist.
Es stimmt, alles andere ist auch wahr,
doch spielt sich das auf einer anderen Ebene ab.
Es ist viel leichter.
Alles, alles schneller getan,
weil da spielt der Widerstand der Zeit keine Rolle.
Die Zeit funktioniert anders. Sekunden können Leben sein.
- und da wird mir wieder deutlich klar, wie wir uns selbst doch
so krass daran hindern unser Potenzial auszunutzen, indem wir
uns so langsam machen, so abhängig von der Zeit; Worte
benutzen wollen, weil wir womöglich befürchten unser
Gegenüber könnte unsere Gedanken lesen.

Womöglich fürchten wir einfach einen Wechsel,
einen derartig frappanten, der die Weltgeschichte grundlegend
verändern würde.
Es ist doch sowieso nur ein Auf- und Abbau.
Vielleicht auch die Geschichte der Welt.
Wenn ein Mensch geboren wird ist er noch ganz klein, sein
Körper schwach,
doch im Geiste ist er gross. Ebenso gross wie wenn er dann
wieder geht-
womöglich wieder in dasselbe ein, aus dem er gekommen ist.
In der Zwischenzeit aber wird er gross und stark
und macht sich klug über die Welt und das Leben als Mensch.
Ist er auf seinem Höhepunkt angelangt, so kehrt sich das Ganze,
in einer gewissen Weise, wieder dem Rücklauf zu.
Er wird wieder kleiner und schwächer und kehrt sich mehr in
sich selbst.

32

Am human Part 2

I know I can, if I want to, travel in time. Always.
Can go there, where I was before-
and can go there, where I will be, someday.
I know this ability, as well, has its difficulties
(just like everything else...).

A lot of people don't recognize it necessarily,
but often times they are living within the difficulty to use it
more than actually would make sense.
Many are just thinking about things;
what they, possibly, could do,
instead of really just living their ideas.

Here and now.
Because this is what is.
True, that everything else is true as well.
But all this happens in different spectra
It is much easier.
Everything, everything is done much faster,
because there the resistance of time does not affect.
The time functions in a different way. Seconds can be lives.
Right there it occurs clearly to me, how extremely we
detain ourselves from using our full potential;
By making ourselves so slow, so dependent in time;
For example the habit that we want to use words, maybe
because we are afraid, our opponent could read our thoughts.

Possibly we just fear a change,
such a profound one that, really,
would change the history of the world fundamentally.
When a child gets born, yet still small, its body weak, but the
mind is great.
As great as it is when it leaves again-
probably going back into the same place where it came from.
Meanwhile though, it is growing bigger and strong.
When the highest point is reached, the whole thing turns,
in a certain way, backwards again ...reverse motion...
It is becoming smaller, again,
looses its strength and turns back, more into itself.

Die Einfachheit november 2004

Eigentlich wollte ich heute Fisch essen,
doch vor lauter Denken hab' ich es vergessen.

Macht Denken Hunger oder nimmt es ihn?
Denken macht das, was man eben denkt daraus...

Je mehr ich denk', je mehr ich mir bewusst werde,
desto weniger frei kann ich sein
in meinem Handeln,
weil alles ist bestimmt und gewiss,
wobei auch dies wiederum von der Ansicht abhängt.

Alles ganz einfach.
Alles sehr kompliziert.

Ich bin sehr ruhig auf dieser Reise,
reise viel umher in meinem Leben.
Bin mal so, mal so...
Mal da, mal dort...

Immer am Fahren,
durchquere Länder,
doch sitz' ich immer am selben Platz.
Von all den etlichen verschiedenen Welten
spür ich nur die Ansicht
und den Wind der durchs Fenster bläst.
Den Fahrtwind, ... eigentlich...

Ich schlafe viel
und schlafe gern.
Ich denk' auch wenn ich am Schlafen bin-
und zwar ungestört und ehrlich-
nicht abgelenkt vom ewigen Drehen der Welt.

Nur einmal pro Schlaf.
Und wenn das eintrifft,
dann wart' ich,
... eine gute Weile,
bis ich zurückgeh',
meist an einen anderen Ort,
doch immer bei mir.

Es ist schön
mal Zeit haben zu denken,
doch galub ich,
werd' ich die immer haben.

Manchmal bereu' ich es
nicht bei meinen Freunden zu sein.
Aber ich bin auch da,
immer in bisschen.

Ich weiss jetzt,
und spühr immer mehr,
dass ich ein Naturmensch bin;
Deshalb so nah der Natur leben will,
als nur eben möglich.

Frischluft atmen,
draussen sein,
bewegen, laufen, leben...

All die vielen Dinge,
an die wir uns gewöhnt haben,
sind so komlpex,
dass man, wenn man darüber nachdenkt,
die Einfachheit, die sie mit sich bringen,
nicht mehr walten lassen kann.

Schwierig, die Einfachheit.

The simplicity

Actually I wanted to eat fish today,
but after all this thinking, I forgot.

Does thinking make hungry or does it take the hunger away?
Thinking does that,
probably precisely what one thinks it does....

The more I think, the more I become conscious;
The less I can be free in my actions,
as everything is ascertained- and assured
whereas this, again, depends on the point of view.

Everything is entirely simple.
Everything totally complicated.

I am very quiet on this trip,
...travel around a lot in my life.
Once I am like this, once like that...
Once I am here, then I am there...

Always driving now, crossing countries
and still I am sitting in the very same spot.
Of all these different worlds I just feel the sight

and the wind, blowing through the window.
The air stream ... actually...

I am sleeping a lot - and truly enjoy this, too.
I am continuosly thinking, as well when I am asleep-
and namely undisturbed and honestly-
undistracted by the endless spinning of the world.

Just one time per sleep.
And when this occurs,
then I wait
... for quiet while,
until I go back,
mostly to another place,
yet always by myself.

It is beautifulto have time, once, to think,
though I believe, I will always have it.

Sometimes I regret
not to be with my friends.
Though I am there, too,
always somewhat.

I know now,
and I feel it throughout more,
that I am a child of nature
and wish to live as close by,
or right within, the nature.

Breathing fresh air,
being outdoors,
moving, walking, living...

All these many little things
we got used to are so complex
that one, when he thinks about it,
won't be able to dispense
the simplicity, that they are bringing along.

Difficult, the simplicity.

Ein Lebenskünstler sein dezember 2004

Ein Lebenskünstler sein;
Den Mittelweg finden.

Ich fang mich an zu freuen,
weil ich weiss,
die Welt ist noch da,
auch wenn ich mal weggeh'.

Gestern waren wir drüben;
Auf der anderen Seite
auf der sonnenseite vom Tal.
Schöner Sonnenuntergang.

Den Mittelweg finden.
Schön die Möglichkeit haben
zu vergleichen,

Ein Lebenskünstler sein....

the life artist

Being a life artist;
Finding the middle path.

I am starting to be pleased,
because I know
the world is still here,
even if I leave for some time.

Yesterday we were over there,
on the other side of the valley.
Beautiful sunset.

Finding the middle path.
Good to have
the possibility to compare,

being a life artist....

Schön, denken zu können dezember 2004

Ich schwelge gern in Erinnerungen und tu' manche Dinge,
weil sie mich an vergangene, schöne Zeiten erinnern.
Dann bin ich gern ganz ruhig- und stell mir vor,
wie's in der Zukunft wohl sein wird,
oder seh' sie manchmal auch ganz klar vor mir.
Ich weiss, die Vergangenheit ist schon sehr, sehr alt.
Ich hoffe die Zukunft wird noch ähnlich lange,
oder sogar länger dauern.
Nur schon mein kleines Leben;
da steckt so viel Erinnerung drin!
Ich möchte das festhalten, doch,
welches waren die allerwichtigsten Momente?
Momentan weiss ich noch nicht mehr
wie ich mich während meiner Geburt gefühlt habe,
aber das war wohl der erste wichtige Moment.
Die Erinnerung Kind zu sein:
Hölzerne Wände, Treppen, Teppichboden.
Dicke orange-farbene Filzstifte.
Farbe an den Händen.
Oftmals nicht zu verstehen wer all' diese grossen Leute wieder
waren und weshalb ich mit denen sprechen sollte.
Das Bild der Lautsprecher, vor denen ich Stunden verbracht
hab' um mich in klassischer Musik aufzulösen.
Ich war mir manchmal ganz sicher, dass Dinge,
die ich anscheinend geträumt haben musste,
tatsächlich stattgefunden hatten.
In Wirklichkeit hatte ich ja Recht;
Denn ich hatte eine Erinnerung daran,
wie ich es auch heute noch hab.

Träumen ist nicht wirklich unwirklich.
Viele meiner Träume habe ich auch gelebt,
nur schon, indem ich sie geträumt habe.
Vielleicht gehn mir darum so viele Dinge so leicht von der Hand;
Weil ich schon so oft darüber nachgedacht hab.

Naja, ... kann alles sein...
Ich kann durch Welten gehen, kann heilen, mit Denken allein.
Ich kann alles machen was ich will mit Denken.
Schön, denken zu können.

Beautiful, to be able to think

I like to reminisce about my memories and do some things
because they remind me of beautiful past times.
Then I like to be all quiet-
and imagine, how it will be in future times,
and sometimes I even see it clearly in front of me.
I know the past is already very, very old.
I hope the future will be just as long, or even longer.
Already my own "little life" is; so packed with memory!
I want to retain it somehow, though,
which were the most important moments?
I know, right now, not yet anymore how I felt during my birth,
but this was probably the first important instant.
The memory of being a child:
Wooden walls, stairs, carpet floors,
thick orange-colored markers.
Paint on my hands.
The often not knowing who all those big people were
and the question why I should talk to them.
The image of the speakers where I spent hours and hours
to dissolve myself into classical music.
Sometimes I was totally certain, that things,
that I apparently must have dreamed, truly had happened.
In reality I was actually right; Because I have had the memory
about it, like I still have it today.

Dreaming is not unreal.
Many of my dreams I really lived in a way,
already just by dreaming them.
Maybe this is the reason why I can handle as many things that
easily, because I already thought about them enough.

Oh well ... everything is possible...
I can go through worlds, can heal, with thinking alone.
I can do everything that I want, with thinking.
Beautiful, to be able to think.

Don't want to hurt december 2004

I love to love
And don't want to hurt.
But if I love,
I cannot avoid hurting anyone,
because everyone is never satisfied.

Will nicht verletzten

Ich liebe es zu lieben
und will niemanden verletzen.
Doch wenn ich liebe,
kann ich nicht verhindern zu
verletzten,
denn Alle sind sich nie einig.

raindrops <small>december 2004</small>

Raindrops falling on the ground.
Dropping, jumping, up and down.

I am dancing to the sound.

Regentropfen

Regentropfen hüpfen auf den Grund.
Tropfen, hüpfen, auf und ab.

Und ich, ich tanz mich zur Musik.

I just fly away december 2004

I just fly away.
Right out, from there, where I stay.

So then I am here
and there, everywhere
at the same time.

Now.
And I know somehow
I can go always
to wherever I will go.
To all these different places I know

without even moving my body an inch.

Ich flieg einfach weg

Ich flieg einfach weg.
Genau von hier, wo ich jetzt bin.

Dann bin ich hier und da,
überall
zur gleichen Zeit.

Jetzt.
Und irgendwie weiss ich,
ich kann immer gehen,
wohin auch immer ich will.
All die verschiedenen Plätze die ich kenn.

... ohne meinen Körper auch nur einen Millimeter zu bewegen.

48

can't put it down january 2005

All my life i am carrying this load around.
I will never get the chance to rest
or to put this weight down onto the ground.
And even then when I die, someday,
there is still going to be a memory that stays.
Nothing that has happened can ever go
and all we do stays, within.

Kann's nicht ablegen

Mein ganzes Leben
trage ich diese Last mit mir.
Keine Möglichkeit sie abzulegen
oder jemanden um Hilfe zu bitten.
Sogar dann, wenn ich einmal sterben werde,
verbleibt doch noch die Erinnerung.
Nichts, das geschehen ist, kann jemals
gehen
und alles was wir tun bleibt in uns drin.

49

Noch einmal februar 2005

Ich will noch einmal
so klein sein,
so rein sein,
wie ich war, als ich zur Welt kam.

Ich erinnere mich,
wie ich,
zurück als Kind,
im Rebberg, grau,
im kühlen Wind,
die Welt um mich
betrachtet hab'.

Der kühle Wind,
die roten Ohren,
die Wiesen sind schon halb gefroren.
Der Tag beginnt
schon bald zu gehen.
Ein letzer Wink der Sonne zu sehen,
nur bis später, wenn sie die Sterne wärmt.

Ich renn' nach Haus, schnell wie der Wind,
Kakao im Kopf, wie jedes Kind.

Doch dennoch,
bevor ich zur Tür reingeh,
dreh ich mich kurz nochmals um,
und schicke, gnädig, meinen Dank hinauf ins Universum.

Childhood memory

I would like to be once more
so small
and clear
like on that day, when I was born

I remember,
back as a child,
in the vineyards, grey,
how I examined
the world around me.

The chilly breeze,
the cold red ears,
the fields already halfway frozen.

The day begins
to change into night.
A last blink of the latest light,
just until later,
when it hits the stars.

Fast like the wind,
I am running back home
because I know
there waiting, sits some hot cacao.

Yet nevertheless,
before I enter the house,
I quickly turn aroun
and send, graciously,
my thanks up to the universe.

How to deal with pain january 2005

I am grateful for every little thing that happens
even if it is pain
because it teaches me
awareness

it is good to be aware
of everything

my body teaches me, sometimes,
telling me my mind is in a lack
opening the door to the mind-mind
helps not getting lost in those millions of twigs
of my tree-shaped-way of thinking

february 2005

If you feel pain,
try to go into it.
Feel it.
Memorize this feeling.
Compare it,
each time,
then nothing can hurt
as bad anymore.

wie mit schmerz umgehen

dankbar für jedes kleine ding das geschieht
sogar wenn es schmerz ist
denn es lehrt mich
bewusstsein

es ist gut sich im klaren zu sein,
über alles

mein körper lehrt mich. manchmal,
sagt mir dass etwas an inspiration fehlt
öffnet die tür zum geist-geist
hilft mir, mich nicht in den tausenden von zweigen
meiner baum-artig-funktionierenden denkweise zu verlaufen

Wenn Du Schmerz fühlst,
versuch' hineinzugehen.
Spür ihn.
Behalte dieses Gefühl
in deiner Erinnerung
Vergleiche es.
Jedesmal.
Und nichts wird je wieder
so derb schmerzen.

Und falls ich ebe doch sterbe sött, 33. tag 2005

Denn bitt' ich eu um eis:
Nämed eu z' Herze was ich eu bracht han.
Sowie ich mir eu z' Herze nimm
und hochwürdigscht verehre
und schätze, eu alli troffe z' ha.
Ich träge alli mini Fründe tüüf drinn i minere Seel.

Falls ich sött gah vo da- was ich zwar echt nöd hoff-
aber ich weiss, dass ich irgendwenn, hoffentlich no lang nöd,
aber irgendwenn wirds iiträffe und denn,
's wird zum richtige Zytpunkt sy,
will ich, falls ihr mich beerdige sötted, dass erschtens de Pfaff
(falls 's überhaupt eine git) ja nöd z' vill Unsinn verzellt, will de
Chabis glaub macht depro- und das wämmer nöd!
Und- ich will, dass alli wo det sind, d' Sterbemusig losed
(Klarinettekonzert 2.Satz, Mozart)- und keine es Wort redt;
dass während dem alli zäme mit mir sterbed und erfahred wie
schön das isch.
Ich han immer en Erinnerig gha, a die alt Frau in Irland.
Uf m zweite Hügel, nöch zu de Küschte isch ihres Huus.
Ich han d' Erinnerig wie die Frau schriibt über s' Läbe,
wie's gmüetlich isch drin- dusse grau und schön, ruhig und allei.
En Ohresessel und de Körper schlafe lah.
Ich ha gmeint, villich gösi uf Irland weni alt bin,
go schriibe über 's Läbe und sterbe det. Villich machi das.
Villich hani 's scho gmacht.

...ich will 2. no öppis: Dass ihr villch' truurig sind, das isch ok.,
aber nöd eso dass würgt!
Und au nöd länger als 4 Täg.
Am 4. Tag bin ich gebore. Im 7. Monat vom Jahr.
Und am 7. Tag will i', dass ihr in Wald gönd. Oder zum 'ne Baum.
Es lauschigs Plätzli i de Natur woner kei Lärm ghöred vo de
Zivilisation.
Det fanged er a z' gspühre wienen Chreis um eu ume wachst.
De wird immer grösser und dichter und wärmer,
dänn wüssed er, ihr sind dihei.
Fanged a z' gspühre, wie alles rundume sin Chreis hät.
Fanged a z' gseh, dass alli Chreis us em gliiche bestönd.
Villich müender denn lache- und ich au- will ihr wüssed, dass
ich überall bin.

54

In case I should really die now, 33rd day 2005

I am just asking you
to take this what I've brought to you to heart.
As well as I take you to my heart
and deeply admire
and appraise that I have met you all.
I am carrying all my friends deep within my soul.

In case I should disappear- what I really do not hope-
but I know, that, sometime, hopefully not yet, but I know,
sometime it will come and then it will be at the right time.
Then I wish that in case I get buried, the priest (if there's one at
all) does not talk too much rubbish, because I believe those
things depress oneself -and this is not what we want!
And- I wish, that all together (everyone who is there) listen to
"my dying music" (Mozart, Clarinet Concert, 2nd set)- and that
no one speaks a single word while the piece is playing. That
everyone who is there, dies with me, all together, just to
experience how beautiful it is.
I have always had this memory; The old woman in Ireland.
On the second hill, next to the sea, there is her house.
I have had the memory how this woman writes about life,
how cozy it is inside-outside grey and beautiful, quiet and alone.
An easy chair and letting the body fall asleep.
I thought, maybe, I would go to Ireland when I am old,
to write about life and that I would die there.
Maybe I will do that. Maybe I did it already.

...I wish, secondly, another thing;
It is ok if you are a little sad, but not so bad that it chokes!
And also not longer than 4 days.
I was born on the 4th day, in the 7th month of the year.
And on the 7th day I wish, that you go to the woods. Or to a tree.
A cozy place in nature where you cannot hear
any noise of civilization.
There you start to feel how this circle around you begins to
expand. It becomes bigger, dense and warmer; then you know
that you are at home.
Start to feel how everything has its own circle around.
Start to see, that all the circles consist of the same.
Maybe you got to laugh then- and me too- because you know,
I am everywhere.

55

ei wuche riicher februar 2005

glaubs mer.
ich bin ei wuche riicher.

ich bin im süde gsi
und im norde.
han i de strasse gschlaafe,
d' sterne gseh,
bin im wald go tanze,
han mit em wasser gredt.
han d' erde verstande,
in jedem stuck.
bin tuusig schritt nöcher as läbe gruckt.
bin bi de elfe gsi und bi de monschter,
aber sie händ mi nöd gfresse
und ich bin no da.

one week more

believe me.
i am one week richer.

i was down south
and was up north.
i was sleeping in the
streets
and i saw the stars.
i went dancing in the
woods
and i spoke to the
water.
i understood the world,
in each little part.
got a thousand steps
closer to life.
i visited the elves and
also the monsters,
but they didn't eat me
and i am still here.

56

To Daniel february 2005

When I was forced to lay,
you were forced to stay there, standing.

Three days without moving,
but traveling through time.

I was laying, but traveling too,
I think, there were you have been,
I was there too.

I think we have met there,
there where our souls were,
then when we left
our bodies behind.

Both of us back.
Now, here, in time.
Connected even more.
We already crossed the border.
Went forth and then back;
To step ahead, not to give up,
because we know,
it is gonna be going on and on and on.

It always has been like this before,
we always get put back on our way.
The way we just have to go.

I am glad that I have seen you again my friend.
We met in the beginning
and it is not yet the end.
I am glad that we met again my friend.

Für Daniel

Als ich gezwungen war zu liegen,
warst du gezwungen dort zu bleiben, stehend.

Drei Tage ohne Bewegen,
und doch am Reisen, durch die Zeit.

Ich war am liegen, doch auch am reisen.
Ich denke, dort wo du warst,
da war ich auch.

Ich denke wir sind uns begegnet,
da, wo unsere Seelen waren,
da, als wir unsere Körper
hinter uns gelassen hatten.

Beide sind zurück.
Jetzt, hier, in der Zeit.
Sogar noch mehr verbunden.
Wir haben die Grenze schon überschritten.
Sind nach vorn- und dann wieder zurück;
Zum Vorwärtsgehen, nicht um abzugeben,
denn wir wissen;
Es wird immer weiter gehen.

Es war schon immer so;
Wir werden immer wieder zurückgebracht, auf unseren Weg.
Den Weg den wir eben gehen müssen.

Ich bin froh, dich wieder gesehen zu haben, mein Freund.
Wir haben uns am Anfang getroffen
und noch ist es nicht das Ende.
Ich bin froh, dass wir uns wieder getroffen haben.

I am everything january 2005

The energy provides
    all that you need.

Is always there
    -everywhere-
and it is taking care of itself.

Within, in itself,
is love same as hate
and death, after all,
is not only process of fading

there is an end; a beginning, too.

If I would sit down now, onto the ground,
who -then- would know where I am?
I would maybe be here, resting my body,
but also everywhere else.

I feel like I would be
a huge, big, old tree.
Breathing the air,
just myself.
Absorbing the water
out of the ground,
then leading it up,
from the roots to the crown;
To leave it again,
transforming to rain.

I do feel the pain,
but I will restrain.

I believe I do not have to go today.
I believe I do have some more time to stay.
But even knowing
I'll go, someday,
I can't be afraid to die.

Ich bin alles

Die Energie stellt alles zur Verfügung
    was du brauchst.

Ist immer hier
    -überall-
und passt auf sich selber auf.

Innendrin, in ihr selbst,
ist Liebe dasselbe wie Hass
und der Prozess vom Sterben,
nicht nur Prozess vom Gehen,

denn das Ende lässt auch das Neue entstehen.

Wenn ich mich jetzt hinsetzten würde, hinunter,
auf den Boden,
wer, dann, würde wissen wo ich bin?
Vielleicht wäre ich hier, mein Körper am ruhen,
doch wär ich auch überall sonst.

Ich fühle mich,
als wäre ich
ein riesiger, alter Baum.
Atme die Luft,
nur mich selbst.
Sauge das Wasser auf, heraus aus dem Boden,
dann leite ich es hoch
von den Wurzeln zur Krone.
Dann lass ich es wieder gehen,
von mir hinauf, so kann Regen entstehen.

Ich fühle den Schmerz,
doch werde ich mich nicht darin verlieren.

Ich glaube ich muss noch nicht heute gehen.
Ich glaube ich habe noch mehr Zeit zum Sein.
Doch dennoch, wissend,
irgendwann, dann ist es so weit;
Ich kann mich nicht fürchten zu sterben.

The boatsman february 2005

The watcher, the boatsman.

Sad alone.

I do not want him to be sad anymore.

Clear deep eyes,

surprisingly open;

wide, deep, awake.

Non-dream reality and awakening

clarity, the chaotic silence,

and the quiet that is telling it all.

No need to interact with barriers.

All is already here.

Der Bootsmann

Der Schauer, der Bootsmann.
Traurig alleine.
Ich will ihn nicht mehr traurig
sehen.
Klare, tiefe Augen,
überraschend offen;
weit, tief, wach.
Nicht Traum Realität und
Erwachen
der Klarheit, die chaotische
Ruhe
und die Stille, die alles sagt.
Keinen Grund mit Schranken
zu kommunizieren.
Alles ist schon da.

I want to help you feburary 2005

When the night falls
it is getting warm inside.
Light is breaking the dark.
Light is brighter at night.
I am walking, quiet.
I am thinking about you, and what you do.
Not many to whom I was so connected to.
I am contented.
I know you are too,
but still, I believe,
there are things we can do.
Balanced, reestablished, at home again...
But, growing and going together, along a distance,
just for an instance of truth?

It feels good to know it is true, what I did.
We are always trying to do our best.
If we adorn even the worst.
Nothing ever can be bad.

I want to help you.

Ich will dir helfen

Wenn die Nacht fällt
wird es warm innendrinnen
Licht bricht das Dunkel
Licht ist heller nachts
Ich wandere ruhig
und denke nach, über dich- und was du tust
Nicht Viele, mit denen ich so verbunden war
Ich bin zufrieden
Ich weiss, du bist es auch
Und trotzdem, denke ich
gibt es da Dinge die wir tun können
Ausgeglichen, wiederhergestellt und wieder zuhaus'...
Doch, wachsen und zusammen gehen, ein Stück der Strecke
nur für einen Augenblick der Wahrheit?

Es fühlt sich gut an, zu wissen, es war wahr, was ich tat
Wir versuchen immer unser Bestes zu geben
Wenn wir sogar das Beste aus dem Schlimmsten machen
kann nichts mehr wirklich schlecht sein
Ich will dir helfen

support the ones who need it

I am always happy
to be able to support those who really need it.
It is just wrong
if those who are strong
enough
want to take more.

Unterstütze die, die's brauchen

Ich bin immer glücklich
wenn ich die unterstützen kann,
die es wirklich brauchen.
Es ist einfach falsch
wenn die Starken mehr haben wollen.

A reflection of myself march 2005

All is probably just like a mirror, a reflection of myself.
The one I am running into,
people I meet, the stories that result out of those meetings.
It is totally true. It is my story. All for me.
The stories are playing together.
Each one is for itself, but also is related in a manner.
Challenging times are teaching a lot.
Finally I am happy who and also where I am.
My life is quite funny. I am really thankful for it.
Sometimes I think I would know how to handle things
and I would be smart enough to lead things into the right
directions.
I could protect myself, because I have had similar experiences
already-
and then, I get confronted with the fact that I still don't know
anything.
Life happens and each and every day is like the first day,
just like the day I was born,
and I've got to learn the whole thing from new again.

Eine Spiegelung von mir selbst

Wahrscheinlich ist alles nur wie ein Spiegel, oder eine Reflektion von
mir selbst. Wen ich treffe, die Leute die ich kennenlerne, die
Geschichten, die aus diesen Begegnungen entstehen. Es ist wirklich
wahr.
Es ist meine Geschichte. Alles für mich.
Die Geschichten spielen zusammen.
Jede einzelne für sich selbst,
und doch sind alle zusammen verbunden.
Anstrengende Zeiten lehren viel.
Schlussendlich bin ich glücklich wer und auch wo ich bin.
Mein Leben ist doch ziemlich lustig -
und ich bin wirklich dankbar dafür.
Manchmal denke ich, ich wüsste wie die Dinge zu handhaben,
denke ich sei schlau genug, Dinge in die richtige Richtung lenken zu
können, könnte mich selbst beschützen,
da ich ähnliche Situationen schon einmal erlebt hatte...
und dann, werde ich wiederum mit der Tatsache konfrontiert, dass ich
noch immer überhaupt nichts weiss. Das Leben läuft und jeder Tag ist
wie der Erste meines Lebens und ich muss die ganze Sache von Grund
auf neu verstehen lernen.

Bis das Böse Gut ist <small>april 2005</small>

Die Zeiten waren schöner als schön,

so wie sie immer sein werden.

Die guten Seelen treffen sich

und stärken einander

gegenseitig;

Laden sich auf,

wachsen und werden immer grösser

bis auch das Böse gut wird.

Until evil becomes good

The times were more than just beautiful,
as they will always be.
The good souls meet and strengthen one another;
Charge themselves up,
growing, to become bigger and bigger,
until evil becomes good, too.

Wo Himmel und Wasser sich treffen april 2005

Wenn da, wo Himmel und Wasser sich treffen
keine Grenze mehr zu erkennen ist,
Wenn du wach bist nachts
und den Tag durch träumst,
von all' den Zeiten,
die noch spürbar nah sind
-womöglich bis in die Ewigkeit...

Wenn sich die Fragen klären,
Gut und Böse verschwimmen,
wie Wasser und Himmel,
die Parteien aber doch klar zu unterscheiden sind.

Wenn das Wetter wechselt
und der Regen die bösen Erinnerungen reinwäscht.

Die Guten werden immer siegen.
Das Böse ist nur ein kleiner, grauer Fleck,
der ohne die Liebe nicht existieren könnte.

Ich geb' mir noch ein bisschen mehr Zeit
-denn die ist ja da-
und finde raus wo ich wirklich bin.

Where sky and water meet

When there where sky and water meet
no borderline is visible anymore,
when you are awake at night
and dream during the day
of all those times
that are yet fairly close...
presumably unto eternity...

When questions get solved,
good and bad melt into one,
like water and sky,
the parties though still definite.

When the weather is changing
and the rain clears the bad memories off.

The good ones will always win,
because the bad is just a small, grey stain,
that could not exist without the love.

I give myself another little bit of time
-since it is here-
and find out where I really am.

Watch out!! february 2005

I won't let them take advantage of me,
nor will I let me, even myself.
It is, although, an intensive energy I feel.
Feeling.
Vision.
Division.
Confrontation.
Now.
Here.
Stay.
Or come back into reality.
We are real.
We are real.
And again.
I make the devil into my friend.
There is no enemy.
Watch out
and try to see what happens.
All is going to be good.
I am just really curious what it is.
Let's just try.
The Possibility is here.
Take the chance and experience.
We will be helping each other to grow.

Pass auf!!

Ich werde mich nicht ausnutzen lassen,
weders von denen, noch von mir selbst.
Es ist, dennoch, eine krasse Energie, die ich spür'.
Gefühl.
Vision.
Aufspaltung.
Jetzt.
Hier.
Bleib.
Oder komm zurück in die Realität.
Wir sind echt.
Wir sind real.
Und nochmals;
Ich mach den Teufel zu meinem Freund.
Es gibt keinen Feind.
Gib Acht
und versuch zu sehen was geschieht.
Alles wird gut sein.
Ich möcht nur wirklich wissen was es ist.
Lass uns einfach versuchen.
Die Möglichkeit ist hier.
Nimm die Gelegenheit und erfahre.
Wir werden einander helfen zu wachsen.

we are playing within the same game january 2005

in fact

words are too weak

to express

what I feel

     it is real

     It is probably

     just my own reality

   but truth

the truth in myself

is related to your truth too

     because we are playing within the same game

wir spielen in demselben spiel

genaugenommen

sind worte zu schwach

auzudrücken

was ich fühle

      es ist real

      vielleicht

      nur meine eigene realität

   doch wahr

die wahrheit in mir selbst

ist auch verbunden mit deiner wahrheit

   denn wir spielen in demselben spiel

d sunne september 2005

d sunne, wenn sie uufgaht,
schiint ganz hell,
weckt
alles
isch früsch und neu
jede
luegt sie a und froit sich drab

de tag isch no chüel
aber s wird immer wärmer

d sunne gseht immer meh
während sie immer meh vo de welt berüert
alli erkenned ihri presänz
alli gspühred es isch warm

wenigi lueged sie direkt a
aber alli gspühred sie,
am mittag
will alles isch warm

d sunne isch i de mitti vo ihrem läbe,
hüt

irgendwenn wird sie müed
und mag nümm so starch schiine
und macht sich uf de weg
die anderi siite vo de welt z beglücke
mit ihrer immer no warme presänz und zuewändigkeit

d sunne wett alles gseh,
a dem tag
jede froit sich
jede gspührt sie

am abig isch d sunne müed
sie het die ganz welt gseh
und mag nümme schiine

aber bevor sie gaht

78

lueged sie nomal zrugg
und nüüt isch so schön wie das
was sie gseht wenn sie zruggluegt

will alles liit det, lüchtig,
i orangsch-rotem schimmer,
det, wo all das läbe isch
und d mensche winked zrugg
zu de sunne
und schicked ihri energie mit
und säged danke
zu de sunne
dass sie gschune hät,
de tag

Die Sonne

Die Sonne, wenn sie aufgeht,
scheint ganz hell,
weckt
alles
ist frisch und neu, Jeder
schaut sie an und freut sich.

Der Tag ist noch kühl,
doch wird es immer wärmer.

Die Sonne sieht immer mehr,
während sie immer mehr von der Erde berührt.
Jeder erkennt ihre Präsenz.
Jeder spürt,
es ist warm.

Wenige schauen sie direkt an,
doch alle spüren sie, am Mittag,
denn alles ist warm.

Die Sonne ist in der Mitte ihres Lebens, heute.

Irgendwann wird sie müde
und vermag nicht mehr so stark zu scheinen.
So macht sie sich auf den Weg,
die andere Seite der Welt zu beglücken,
mit ihrer immernoch warmen Präsenz und Zuwendung.

Die Sonne will alles sehen,
an diesem Tag.
Jeder freut sich.
Jeder fühlt sie.

Am Abend ist die Sonne müde.
Sie hat die ganze Welt gesehen
und mag jetzt nicht mehr scheinen.

Doch bevor sie geht
schaut sie noch einmal zurück
-und nichts ist so schön wie dies,
was sie sieht in diesem Augenschein-

Denn alles liegt leuchtend,
in orange- rotem Schimmer,
dort, wo all das Leben ist.
Und die Menschen winken zurück
zur Sonne

und schicken ihre Energien mit.
Sie sagen Danke
zu der Sonne,
dass sie schien,
diesen Tag.

the sun

the sun
when it rises
shining all bright
awakening
everything
is fresh and new, everyone
looks at it and enjoys
the day is still chilly
but it is getting warmer
the sun sees more and more
while it touches more and more of the world's surface
everyone acknowledges its presence
everyone feels
it is warm
just a few look at it directly
but everyone feels it, the midday,
because everything is warm
the sun is in the middle of its life, today

after some time the sun is getting tired
and may not shine as bright anymore
and continues its way
to please the other side of the world
with its yet still warm presence and care

the sun wants to see everything, that day
everyone rejoices
everyone feels it
in the evening the sun is tired
it has seen the whole world
and might not shine anymore
but before it goes
it is looking back
once more
and nothing else is so beautiful like this
what it sees in this glimpse
because everything is laying there
shiny
in an orange-red gleam
there where all the life is
and people wave back to the sun
and send their energy with
saying "thank you" to the sun
that it shone, that day

b'haltes mal

... wenn i
geschter
doch die ganz Welt het chöne umarme,
und das nöd gmacht han, will i denkt han, ich chöni das Gfühl so
villich biibhalte und wiiterträge,
...und hüt
so trurig bin,
-wieso au immer-
....denn
bhalti doch das Gfühl au grad i mir drinn
und tue niemer andersch demit beläschtige
sodass erschtens, das nöd wiitertreit wird
und zweitens, ich das Gfühl scho han
- und immer denn, wenn's wieder wett fürecho,
chani's usenäh, aluege und wieder dethii tue,
woni's verstaut han.
Dänn hani's scho- und mues's nöd vo Neuem ahnäh.

82

i just keep it for now

... if i
yesterday
could have embraced the whole world
and i didn't do it
because i thought i could keep that feeling like this
...and today
i am so sad
-for whatever reason-
... then
i just try keep this feeling as well
and don't occupy anyone else with it
so that, firstly, it doesn't get carried out further
and, secondly, whenever it wants to approach again
i'll be able to just take it out, look at it
and put it back there where i keep it.
then i have it already-
and don't have to understand the same thing over again.

behalte es mal

... wenn ich
gestern
doch die ganze welt hätte umarmen können
und ich habe es nicht getan
weil ich dachte
ich könnte dieses gefühl auf diese weise behalten und
weitertragen
... und heute
bin ich so traurig
-wieso auch immer-
dann behalte ich doch auch gleich dieses gefühl in mir drin
und belaste niemanden sonst damit.
sodass, erstens, es nicht weiter rausgetragen wird
und zweitens, ich dieses gefühl schon habe
und immer dann, wenn es wieder hevorkommen will,
kann ich es herausnehmen, anschauen und wieder dahin
zurückstecken wo ich es verstaut habe
dann habe ich es schon
und muss dasselbe nicht wieder von neuem annehmen

wings of good vibration 2005

shining

    i think it's alright
    light
    touches the heart

oh please
stay free

    unbounded

borderless

flying
through time

wings of good vibration

are carrying us
       far enough

bleib frei

Scheinen
    Ich denk's ist ok
Licht
berührt das Herz
    oh bitte
    bleib frei

ungebunden
grenzenlos
fliegen
durch die Zeit

Flügel der guten
Stimmung

tragen uns
weit genug

84

do you see the moon?

Do you
see the moon?
Shining bright,
giving us guidance.
Always full,
always there.
The sun
helps
it to shine.
Night
turns into day
light.
Bright.
Watching you
spinning circles
around the earth.

Siehst du den Mond?

Siehst du den Mond, dort?
Scheint ganz hell,
hilft uns den Weg zu finden.
Stetig voll
und immer da.
Die Sonne
hilft
ihm zu scheinen.
Nacht
verwandelt sich in Tag
Licht.
Hell.
Ich schau' dir zu;
wie du Kreise ziehst,
rundum die Welt.

Wasser

ist wie ein Spiegel.

Man kann es auch so gebrauchen.

Es visualisiert

die Verbindung

die es auch in der Luft gibt,

im Raum,

der unsere Zeit darstellt.

Jede kleine Bewegung

die die Ente tut

widerspiegelt sich im Wasser

Wasser ist ein Tropfen

und ein Tropfen macht einen See

Wasser

Wasser ist eins

Die Sonne spiegelt sich im Wasser

Wasser existiert

verwandelt sich selbst

und kommt zurück in seine ursprüngliche Form

um sich von Neuem zu verwandeln

immer und immer wieder

Wasser fliesst

wie der Kreis des Lebens

Wasser fliesst und geht

und es will fliessen

und es tut es

Vielleicht ohne es wirklich zu wissen...

doch es hört nicht auf zu laufen.

water

water is like a mirror
you even can use it like this
it visualizes
the connections
that exists also in the air
in the space
that provides our time
every little movement
that the duck does
reflects in the water
water is a drop
and a drop makes a sea
water
water is one
sun reflects itself in water
water exists
transforms itself
to come back into its original form
just to change again
over and over
water is running
is flowing
like the circle of life
water flows
it wants to run
it does
probably without even knowing...
but it keeps on going.

Zelebration vom Eis-Sy februar 2005

Ich ha gseh wie d' Sunne ufgstiege isch,
de Tag darbracht hät
und denn, später, d' Nacht,
mit em'ne tüüf orange-rote Abighimmel,
willkomme gheisse hät.
Ich ha gseh, wie d' Sterne uuftauched,
im'ne endlos grosse Meer vo Wyti.
-Einsamkeit-
schätze z' wüsse verbunde z' sy
mit allem was ume isch.
Zelebration vom Eis-Sy.
Universum.

celebration of the unity

I saw the sun rising,
how it brought out the day
and then, later,
welcomed the night
with a deep orange-red evening sky.
I have seen how the stars dived up
in an endless sea of wideness.
-Loneliness-
to know how to appreciate being
connected
with everything that is around.
Celebration of the unity.
Universe.

92

Zelebration vom Eins Sein

Ich habe gesehen, wie die Sonne aufgestiegen ist.
Wie sie den Tag dargebrachte
und dann, später,
mit einem tief orange-rotem Abendhimmel,
die Nacht willkommen hiess.

Ich sah wie die Sterne auftauchten,
in einem endlos grossen Meer von Weite.
-Einsamkeit-
Schätzen zu wissen verbunden zu sein
mit allem was ist.
Zelebration vom Eins Sein.
Universum.

De Stift

De Stift
isch immer det woner ebe isch.

Ich glaub das isch's
was ich würklich lerne mues.
Deetsii, woni würkli bin.

Wie nen Schriiber;
immer genau det am schriibe woner isch,
jedoch gliich z' wüsse weles Wort er am schriibe isch
- und das, was'd gschriebe häsch bliibt.

Es gäb au kein Grund für de Schriiber
sich ufem'ne scho beschriebene Blatt ufzhalte.
Will s isch ja scho voll...

the pen

the pen
is always there, where it just is

i believe that is what i really have to learn
being there, where i really am

like a pen
always right there where it is writing
still though knowing which word it does write
-and this what it did write
not loosing track of the sentence

there neither would be any reason for the pen
to linger on a page that is already written
because it is already full....

94

der stift

der stift ist immer da,

wo er eben ist.

ich glaube

genau das ist es,

was ich lernen muss.

dort sein

wo ich wirklich bin.

wie ein stift;

immer genau da am schreiben

wo er ist,

jedoch trotzdem zu wissen

welches wort er schreibt.

und auch

zu behalten

was er geschrieben hat.

es gäbe keinen grund für den stift

sich auf einem schon beschriebenen blatt aufzuhalten.

denn es ist ja schon voll....

the buddha january 2005

There is no reason to struggle

No point to worry about

Only perfection

Only flow

There is no mistake

There is only giving

Within is out there, is everywhere

The buddha

der budda

Kein Grund zu kämpfen

Kein Grund zur Sorge

Nur Perfektion

und Fluss

Es gibt keine Fehler

Es gibt nur Geben

Innendrin ist ebenso draussen, ist überall

Der Budda

appendix

Über die Autorin

Laura Joy Schweizer, geboren am 4. Juli 1982 in der Schweiz, schrieb bereits als Kind ihre eigenen Märchen. Später führte sie Tagebücher, schrieb Gedichte, Geschichten, Musik und Texte. Eigentlich wollte sie mal Journalistin werden, doch der Ruf der grossen Welt kam dazwischen. Anstatt Karriere zu machen, waren es schliesslich Reisen und Abenteuer, die ihren Weg bestimmten und sie fortan zum Schreiben inspirierten. Ihre bisherigen Werke "Wipkingen 1998", "insights" und "Real Time Poetry" laden ein zum Fühlen, Betrachten, Denken und Träumen. Nebst dem Schreiben ist L.J.Schweizer Musikerin und tritt unter dem Namen "joyjii" auf. Sie geniesst den Umgang mit Menschen und geniesst es, die Mysterien des Lebens zu erforschen. Sie betätigt sich in verschiedenen Kunstformen, kocht fürs Leben gern und beschäftigt sich gleichzeitig mit verschiedenen Themen die zu einer gesunden Lebensweise beitragen.

About the author

Laura Joy Schweizer, born July 4th 1982 in Switzerland, began writing her own fairytales as a child. Later on she continued journaling and writing poems, stories, music and lyrics. Once she wanted to become a Journalist, but got distracted by the call of the big world and was inspired by her travels and adventures to continue writing. Her works "Wipkingen 1998", "insights", and "Real Time Poetry" invite you to feel, to contemplate, to think and to dream. Besides writing, L.J.Schweizer is a musician and performs under the name "joyjii". She enjoys people and pondering the mysteries of life, cooking, making art, and keeping a focus on healthy living.

Herstellung und Verlag:
BoD - Books on Demand, Norderstedt
ISBN 978-3-7528-5869-3

FSC
www.fsc.org

MIX

Papier aus ver-
antwortungsvollen
Quellen
Paper from
responsible sources

FSC® C105338